SYLLABAIRE

OU LIVRE

POUR APPRENDRE A BIEN LIRE EN FRANÇAIS,

Et pour apprendre en même temps les principes de la Langue et de l'Orthographe;

Utile aux Personnes avancées, qui voudront s'assurer qu'elles parlent et qu'elles écrivent correctement.

On ne peut lire ni écrire correctement, si l'on ne sait décliner les Noms et conjuguer les Verbes.

ANGERS,

IMPRIMERIE DE L. PAVIE.

1835.

AUX MAITRES
ET MAITRESSES D'ÉCOLE.

Il est constamment vrai que vous exercez la plus digne profession qu'il y ait au monde, mais en même temps très difficile ; si vous n'en êtes pas récompensés ici-bas, les grands objets que vous vous proposez doivent vous soutenir. Vous travaillez à former de bons Chrétiens et de bons Citoyens, et à donner de l'habileté aux particuliers : vous travaillez donc pour la Religion, pour l'Etat en général et pour le bien de chaque famille en particulier.

C'est sans doute une douce consolation pour vous, et souvent l'unique qui vous reste, de pouvoir rendre témoignage que vous remettez à des parens les enfans qu'ils vous ont confiés, capables de lire, de parler et d'écrire correctement. Cela n'arrive pas toujours; et, expérience faite, et tout bien considéré, on a remarqué que cela vient de ce que l'on n'apprend aux enfans aucuns principes de la Langue.

Ce petit Livre contient assez de principes, qui sont de sûrs moyens de procurer une louable éducation. A la vérité, les enfans ne sont pas capables de raisonnement, mais ils ont la mémoire heureuse.

On ne sait pas assez le bien que l'on procurerait aux enfans, si on leur faisait bien apprendre les déclinaisons des Noms et les conjugaisons des Verbes : c'est d'où dépend la pureté de la Langue; sans quoi il est impossible d'acquérir aucuns principes de l'orthographe ; c'est encore le meilleur moyen d'apprendre à bien lire et avec grâce, parce que la plupart des élisions se rencontrent dans les inflexions des temps et des personnes des verbes.

Il semble que ce soit une chose honteuse d'ignorer jusqu'aux noms des mots qui composent tous les Livres et tous les Discours, qui ne sont pourtant au nombre que de neuf; tandis que le moindre Artisan connaît tous les termes de son métier. Vous verrez tout cela dans ce petit Livre, dont on espère que la méthode ne vous déplaira point, puisque vos enfans sauront par règles et par principes ce que vous leur aurez appris.

Lettres courantes Romaines.

a, b, c, d, e, é, è, ê, f, g, h, i, j, k, l, m, n, o, p, q, r, s, t, u, v, x, y, z, æ, œ.

Lettres Capitales Romaines.

A, B, C, D, E, F, G, H, I, J, K, L, M, N, O, P, Q, R, S, T, U, V, X, Y, Z.

Il est de grande conséquence pour la Lecture et pour l'Ecriture, d'appeler (*j*) ge, et (*v*) ve.

Lettres courantes Italiques.

a, b, c, d, e, é, è, ê, f, g, h, i, j, k, l, m, n, o, p, q, r, s, t, u, v, x, y, z, æ, œ.

Lettres Capitales Italiques.

A, B, C, D, E, F, G, H, I, J, K, L, M, N, O, P, Q, R, S, T, U, V, X, Y, Z.

Les cinq Voyelles, dont chacune forme un son ou une Syllabe.

a, e, i, y, o, u; *a, e, i, y, o, u.*
L'y grec n'est autre chose qu'un i.

Les dix-neuf Consonnes, qui ne font point de Syllabes, si elles ne sont jointes avec des Voyelles.

b c d f g h j k l m n p q r s t v x z.
b c d f g h j k l m n p q r s t v x z.

Lettres liées ensemble.
ff fl ffl fi ffi æ œ. *ff fl ffl fi ffi æ œ.*

Lettres abrégées.

(ã) signifie am (ẽ) em (ĩ) im (õ) om (ũ) um.

Les trois Accens ou Esprits.
Cet Accent ′ s'appelle *Aigu.*
Cet Accent ` s'appelle *Grave.*
Cet Accent ^ s'appelle *Circonflexe.*

L'Apostrophe.

Cette figure (') entre deux lettres, s'appelle *Apostrophe*, et tient lieu d'un *a* ou d'un *e* qui est retranché. L'*a*, l'*e*, l'*i*, l'*o*, l'*u*, l'*âme*, etc.

La Division.

Cette figure (-) s'appelle *Division.* Très-beau, très-bon, très-cher.

Les Ponctuations.

Cette figure (,) s'appelle *Virgule.*

Cette figure (;) s'appelle *Point et Virgule* ou *Petit-qué.*

Cette figure (:) s'appelle *deux Points* ou *Coma.*

Cette figure (.) s'appelle *Point.*

Cette figure (!) *Point admiratif.*

Cette figure (?) *Point interrogatif.*

(ë) *Tréma* (ï) *Tréma* (ü) *Tréma.*

Voilà les différens caractères.

DES SYLLABES.

Syllabe est un amas de lettres qui forment un son. Toutes les dix-neuf consonnes ne font aucun son sans le secours d'une voyelle.

Chacune de ces six voyelles, a, e, i, o, u, y, sans le secours d'aucune autre lettre, fait un son ou une syllabe.

Syllabes de deux lettres.

Ba be bé bê bi bo bu.
Ca ce cé cê ci co cu.
Da de dé dê di do du.
Fa fe fé fê fi fo fu.
Ga ge gé gê gi go gu.
Ha he hé hê hi ho hu.
Ja je jé jê ji jo ju.
La le lé lê li lo lu.
Ma me mé mê mi mo mu.
Na ne né nê ni no nu.
Pa pe pé pê pi po pu.
Ra re ré rê ri ro ru.

Sa se sé sê si so su.
Ta te té tê ti to tu.
Va ve vé vê vi vo vu.
Xa xe xé xê xi xo xu.
Za ze zé zê zi zo zu.

Syllabes de trois lettres.

Bla ble blé blê bli blo blu.
Bra bre bré brê bri bro bru.
Cha che ché chê chi cho chu.
Cla cle clé clê cli clo clu.
Cra cre cré crê cri cro cru.
Dra dre dré drê dri dro dru.
Fla fle flé flê fli flo flu.
Fra fre fré frê fri fro fru.
Gla gle glé glê gli glo glu.
Gna gne gné gnê gni gno gnu.
Gra gre gré grê gri gro gru.

Gua gue gué guê gui guo guu.
Pha phe phé phê phi pho phu.
Pra pre pré prê pri pro pru.
Qua que qué quê qui quo quu.
Spa spe spé spê spi spo spu.
Sta ste sté stê sti sto stu.
Tla tle tlé tlê tli tlo tlu.
Tra tre tré trê tri tro tru.
Vla vle vlé vlê vli vlo vlu.
Vra vre vré vrê vri vro vru.

Syllabes de quatre lettres.

Bail beil bins bons burs.
Cais cens cins cors crus.
Chra chre chri chro chru.
Dais dins dins dons duns.
Fant fert fint fort furt.
Gard gers gins gons guet.

Hail heis hins hous hues.
J'ais j'eus j'ins j'obs j'ust.
Lain lens lins lons lues.
Mais mens mins mons murs.
Nain ners nirs nois. nues.
Pais pens pins pons purs.
Quai ques quis qu'on qu'un.
Rait reil rins rons ruts.
Sain sens sins sons stru.
Vair vens vins vons vues.

Vous venez de voir des Syllabes, vous allez voir des Mots.

DU MOT.

Le Mot est ce qui fait un sens séparé, et est composé de Syllabes.

Les sept Demandes de l'Oraison Dominicale.

1. No tre Pè re qui ê tes dans les Cieux, que vo tre Nom soit sanc ti fié.
2. Que vo tre rè gne ar ri ve.
3. Que vo tre vo lon té soit fai te en la ter re com me au Ciel.
4. Don nez-nous au jour d'hui no tre pain quo ti dien.
5. Et nous par don nez nos of fen ses, com me nous par don nons à ceux qui nous ont of fen sés.
6. Et ne nous a ban don nez point à la ten ta tion.
7. Mais dé li vrez-nous du mal. Ain si soit-il.

La Salutation Angélique.

Je vous sa lue, Ma rie, plei ne de grâ ce; le Sei gneur est a vec vous; vous ê tes bé nie en tre tou tes les fem mes, et Jé sus, le fruit de vo tre ven tre, est bé ni.

Prière à la Sainte Vierge.

Sain te Ma rie, Mè re de Dieu, pri ez pour nous, pau vres pé cheurs, main te nant et à l'heu re de no tre mort, Ain si soit-il.

Les douze articles du Symbole ou de la Foi.

1. Je crois en Dieu, le Pè re tout puis sant, Cré a teur du Ciel

et de la Ter re.
2. Et en JÉ SUS-CHRIST, son Fils u ni que, no tre Sei gneur.
3. Qui a é té con çu du S. Es prit, et est né de la Vier ge Ma rie.
4. Qui a souf fert sous Pon ce-Pi la te, a é té cru ci fié, est mort, et a é té en se ve li.
5. Est des cen du aux en fers, le troi siè me jour est res sus ci- té des morts.
6. Est mon té aux Cieux, est as- sis à la droi te de Dieu le Pè re tout-puis sant.
7. De là vien dra ju ger les vi vans et les morts.
8. Je crois au Saint-Es prit.

9. La sain te E gli se Ca tho-
li que, la com mu nion des Saints.
10. La ré mis sion des pé chés.
11. La ré sur rec ti on de la chair.
12. La vie é ter nel le.
Ain si soit-il.

Un enfant chrétien doit voir chaque jour en quoi il a mal fait, et dire :

Je me confesse à Dieu tout-puissant, à la bienheureuse Marie, toujours Vierge, à saint Jean-Baptiste, aux Apôtres saint Pierre et saint Paul, à tous les Saints, et à vous, mon Père; parce que j'ai beaucoup péché, par pensée, par paroles et actions : par ma faute, par ma faute, par ma très grande faute. C'est pourquoi je supplie la bienheureuse Marie, toujours Vierge, Saint Michel Archange, Saint Jean-Baptiste, les Apôtres Saint Pierre et Saint Paul, tous les Saints, et vous, mon Père, de prier pour moi le Seigneur notre Dieu.

Que le Seigneur tout-puissant et tout miséricordieux nous accorde le pardon, l'absolution et la rémission de nos péchés.

Ainsi soit-il.

Les dix Commandemens de Dieu.

1. Un seul Dieu tu adoreras,
   Et aimeras parfaitement.
2. Dieu en vain tu ne jureras,
   Ni autre chose pareillement.
3. Les Dimanches tu garderas,
   En servant Dieu dévotement.
4. Tes père et mère honoreras,
   Afin de vivre longuement.
5. Homicide point ne seras,
   De fait ni volontairement.
6. Impudique point ne seras,
   De corps ni de consentement.
7. Biens d'autrui tu ne prendras,
   Ni retiendras injustement.

8. Faux témoignage ne diras,
   Ni mentiras aucunement.
9. L'œuvre de chair ne désireras,
   Qu'en mariáge seulement.
10. Biens d'autrui ne désireras,
    Pour les avoir injustement.

Les six Commandemens de l'Eglise.

1. Les Dimanches Messe ouïras,
   Et Fêtes de commandement.
2. Les Fêtes tu sanctifieras,
   Qui te sont de commandement.
3. Tous tes péchés confesseras,
   A tout le moins une fois l'an.
4. Ton Créateur tu recevras,
   Au moins à Pâques humblement.

5. Quatre-Temps, Vigiles jeûneras,
    Et le Carême entièrement.
6. Vendredi chair ne mangeras,
    Ni le Samedi mêmement.

C'est une espèce d'impiété de manger sans invoquer le nom de Dieu.

Bénissez-nous, Seigneur, et ce que vous nous donnez pour la nourriture de nos corps ; faites-nous la grâce d'en user sobrement.

Au nom du Père, et du Fils, et du Saint-Esprit.

Ainsi soit-il.

Il y a de l'ingratitude à ne pas remercier Dieu après le repas.

Seigneur Dieu, nous vous remercions de ce qu'il vous a plu nous donner pour la nourriture de notre corps; conservez votre grâce dans nos âmes, afin que nous puissions vous voir, vous louer et vous aimer dans toute l'éternité.

Que les âmes des fidèles reposent en paix, par la miséricorde de Dieu. Ainsi soit-il.

Mon cher enfant, vous connaissez vos lettres, vous savez

épeler des syllabes et des mots, il faut maintenant apprendre à lire. Travaillez à cela avec courage, pour devenir un bon Chrétien, un bon Citoyen, et pour savoir mettre ordre à vos affaires.

Faites usage de votre raison, et concevez que Dieu vous a créé pour le connaître, l'aimer et le servir, et par ce moyen arriver à la vie éternelle.

Il faut auparavant passer par cette vie mortelle, où vous voyez et verrez que l'on a bien de la peine.

On vous apprendra comment, depuis le péché originel, Dieu

a condamné tous les hommes au travail.

Celui qui ne travaille point, et qui ne veut point travailler, ne sert point Dieu et ne l'aime point ; car une telle paresse est un péché mortel.

L'homme est né pour travailler, comme l'oiseau pour voler.

Celui qui ne veut pas travailler, n'est pas digne de manger.

Qui est oisif dans sa jeunesse, travaillera dans sa vieillesse.

Vous ne savez, mon cher enfant, si votre vie sera longue ou courte.

Travaillez comme si vous devie vivre long-temps.

Vivez comme si vous deviez mourir bientôt.

Vos parens vous ont donné la naissance ; ils ont pris bien de la peine pour vous, quand vous ne pouviez marcher, ni parler.

Vos bons et chers parens vous fournissent la nourriture, le vêtement et toutes choses.

Vos aimables parens espèrent présentement que vous apprendrez ce qui vous est nécessaire pendant le cours de votre vie.

Cette vie est pleine d'affaires et d'embarras qui vous causeront de la peine, si vous ne savez bien parler, bien lire et bien écrire.

On estime une personne qui sait bien parler, bien lire et bien écrire ; on dit qu'elle a reçu une bonne éducation.

Celui qui ne sait point ces choses est regardé comme un homme de néant. On se moque de celui qui parle mal. Celui qui ne sait point lire est aveugle la moitié du temps. De quoi est-on capable quand on ne sait ni lire ni écrire ?

Ecoutez avec respect et avec

attention ceux qui vous enseignent; ne les attristez point, ne les faites point mettre en colère ; s'ils sont obligés de vous châtier, recevez la correction avec humilité. Le Saint-Esprit a dit que la folie tes attachée au cou de l'enfant, et que la verge de la correction la chassera. Regardez-les comme des envoyés de Dieu, pour vous donner l'éducation souverainement nécessaire, et la plus douce consolation des misères de la vie.

———

Les livres sont faits pour votre instruction.

Tous les livres sont composés de vingt-cinq lettres.

Ces six lettres, a, e, i, o, u, y, sont des voyelles, parce que chacune fait un son ou une syllabe.

Ces dix-neuf lettres, b, c, d, f, g, h, j, k, l, m, n, p, q, r, s, t, v, x, z, sont des consonnes, parce qu'elles ne signifient rien, si elles ne sont mises avec une des six voyelles.

Avec ces vingt-cinq lettres, on fait des syllabes et des mots.

Une syllabe, c'est plusieurs lettres ensemble, qui font un son :

ba, ce, di, fo, gu, etc. sont des syllabes.

Accoutumez-vous à bien prononcer les syllabes; cela est de conséquence pour l'écriture.

Un mot, c'est plusieurs syllabes ensemble, qui font un sens séparé : plume, encre, papier, etc. sont des mots.

Tous les discours sont composés de neuf différentes sortes de mots, qui sont les instrumens du langage. Il n'y a point d'Ouvrier ou d'Artisan qui ne connaisse les outils et les instrumens de son art et de son métier; il serait honteux d'ignorer les instrumens de l'art de parler, qui est l'art des arts. Voici ces neuf différens mots ou instrumens, avec leur explication.

1. L'*Article* signifie jointure ; ce sont de petits mots qui se mettent devant les noms, pour en marquer le genre, le nombre et le cas. *Le, la, les, de, du, des, à, au, aux*, sont des articles.

2. Le *Nom* : Pierre, Paris, homme, ville, sont des noms. Vous verrez plus bas l'explication du nom.

3. Le *Pronom* est ce qui se met en place du nom. *Je*, *moi*, *tu*, *il* ou *elle*, *eux*, *elles*, *nous*, *vous*, *ils*, *celui*, *celle*, *qui*, *lequel*, *mon*, *ton*, *son*, *mien*, *tien*, *sien*, sont des pronoms.

4. Les *Verbes* : être, avoir, aimer, avertir, concevoir, entendre, sont des verbes. Vous verrez plus bas l'explication du verbe.

5. Le *Participe*, ainsi appelé parce qu'il tient du nom et du verbe : étant, ayant, aimant, avertissant, concevant, en-

tendant, sont des participes.

6. L'*Adverbe* est un mot qui se met près du verbe, pour en déterminer la manière : hier, aujourd'hui, demain, jamais, beaucoup, etc. sont des adverbes.

7. La *Préposition* est un mot qui se met devant les noms, et qui les gouverne : chez, contre, dans, deçà, delà, etc. sont des prépositions.

8. La *Conjonction*, c'est ce qui lie les phrases ensemble : et, aussi, ni, hors, etc. sont des conjonctions.

9. L'*Interjection* est un mot qui

exprime quelque passion : ah ! hélas ! sont des interjections.

De ces neuf mots ou parties du discours, trois, savoir : l'article, le pronom et le participe, se rapportent au nom. L'adverbe, la préposition, l'interjection, la conjonction, ne se déclinent point ; ils se prononcent et s'écrivent toujours de la même manière : il n'y a donc que le nom et le verbe qui méritent une grande attention. Mais si l'on pratique bien ce qu'il y a à observer dans les noms et dans les verbes, on parlera bien, et l'on n'aura guère besoin de livres d'orthographe pour écrire correctement.

DU NOM.

Le Nom est ce qui sert à nommer : *Dieu* est un nom.

Le nom est ou substantif ou adjectif.

Le nom substantif marque simplement la chose : Dieu, Ange, homme, femme, etc., sont des noms substantifs.

Le nom adjectif marque la qualité d'une chose : beau, bon,

blanc, noir, chaud, froid, etc.

Parce que toutes choses dans notre langue, sont ou mâle ou femelle, ce qui s'appelle *Genre;* il y a des noms masculins et féminins pour les nommer.

Il y a donc deux genres de noms, le masculin et le féminin.

Un nom est masculin, quand il y a devant lui ces petits mots, *le, un;* le papier, un livre, etc. sont des noms masculins.

Un nom est féminin, quand il y a devant lui, *la, une;* la tête, une planche, etc. sont des noms féminins.

Il y a deux *Nombres* dans les noms; le Singulier et le Pluriel.

Le nombre est singulier quand on ne parle que d'une chose : *le Père*, c'est un nombre singulier.

Le nombre est pluriel quand on parle de plusieurs : *les Pères*, c'est un nombre pluriel.

Il y a six cas dans les noms français comme dans les autres langues : le Nominatif, l'Accusatif, le Vocatif, le Datif, le Génitif et l'Ablatif.

Décliner un nom, c'est mettre devant lui un article qui marque à quel cas est le nom.

Le même article sert pour le nominatif, l'accusatif et le vocatif. Le datif a son article. Le génitif et l'ablatif ont le même article.

EXEMPLES.

SINGULIER.

Nomin. Accus. Voc.	Le Père.
Datif,	au Père.
Génitif, Ablatif,	du Père.

PLURIEL.

Nomin. Accus. Voc.	Les Pères.
Datif,	aux Pères.
Génitif, Ablatif,	des Pères.

Nom mascul.	*Nom féminin.*
sing. Le livre.	*sing.* La table.
au livre.	à la table.
du livre.	de la table.
plur. Les livres.	*plur.* Les tables.
aux livres.	aux tables.
des livres.	des tables.

Nom mascul.	*Nom féminin.*
sing. L'esprit.	*sing.* L'âme.
à l'esprit.	à l'âme.
de l'esprit.	de l'âme.
plur. Les esprits.	*plur.* Les âmes.
aux esprits.	aux âmes.
des esprits.	des âmes.

Nom mascul.   *Nom féminin.*

sing. Un agneau.   *sing.* Une église.
    à un agneau.   à une église.
    d'un agneau.   d'une église.

pl. Les agneaux.   *pl.* Les églises.
    aux agneaux.   aux églises.
    des agneaux.   des églises.

Les Noms propres n'ont point de pluriel.

Dieu.   Paris.
à Dieu.   à Paris.
de Dieu.   de Paris.
Nicolas.   Rouen.
de Nicolas.   de Rouen.

DU VERBE.

Ce mot, *Verbe*, signifie la parole par excellence; car, sans un verbe, on ne saurait rien dire, ni rien écrire qui ait un sens fini et suivi.

Un mot est verbe quand on peut joindre avec lui une de ces trois personnes, je tu, il, *ou* elle; nous, vous, ils, *ou* elles.

Prier est un verbe, car on peut dire: je prie, tu pries, il prie, nous prions, vous priez, ils prient.

Il y a deux nombres dans

les verbes; le singulier, où l'on ne parle que d'un; le pluriel, où l'on parle de plusieurs.

Il y a trois *personnes* dans les verbes; *je*, *tu*, *il*, pour le singulier; *nous*, *vous*, *ils*, pour le pluriel.

Je est la première personne du singulier, *tu* la seconde, *il* la troisième; *nous* est la première personne du pluriel, *vous* la seconde, *ils* la troisième.

Il y a trois *Temps* principaux dans les verbes; le temps présent, le temps passé ou parfait, le temps à venir ou futur ; les autres temps participent de ces trois temps.

Il y a cinq *Modes* ou *Mœufs* dans les verbes ; indicatif, impératif, subjonctif, infinitif, participe.

Conjuguer un verbe, c'est le diversifier dans ses temps et dans ses personnes, en toutes les manières qu'il peut être dit.

Il y a plusieurs sortes de verbes. Le verbe *actif*, qui marque une action, comme *aimer*.

Le verbe *passif* qui marque

une passion, comme *être aimé*.

Le verbe *neutre* qui marque une disposition, comme *pâlir*.

Le verbe *réciproque* vient de l'actif, du neutre et du passif, comme *se souvenir*.

Pour bien conjuguer toutes sortes de verbes, il faut posséder parfaitement le verbe de secours *Avoir*, et le verbe de secours *Etre*; parce que, sans ces deux verbes, on ne peut conjuguer les autres.

Conjugaison du verbe de secours
AVOIR.
INDICATIF.
Présent.

Sing. J'ai, tu as, il a *ou* elle a.
Plur. nous avons, vous avez, ils ont *ou* elles ont.

Imparfait.

sing. j'avais, tu avais, il avait.
plur. nous avions, vous aviez, ils avaient.

Parfait simple.

sing. j'eus, tu eus, il eut.
plur. nous eûmes, vous eûtes, ils eurent.

Parfait composé.
sing. j'ai eu, tu as eu, il a eu.
plur. nous avons eu, vous avez eu, ils ont eu.

Autre Parfait.
sing. j'eus eu, tu eus eu, il eût eu.
plur. nous eûmes eu, vous eûtes eu, ils eurent eu.

Plusque-parfait ou *plusque-passé.*
sing. j'avais eu, tu avais eu, il avait eu.
plur. nous avions eu, vous aviez eu, ils avaient eu.

Futur ou *Avenir.*
sing. j'aurai, tu auras, il aura.
plur. nous aurons, vous aurez, ils auront.

IMPÉRATIF.
Présent.

sing. aye, qu'il ait.
plur. ayons, ayez, qu'ils ayent.

SUBJONCTIF.
Présent.

s. que j'aye, que tu ayes, qu'il ait.
p. que nous ayons, que vous ayez, qu'ils ayent.

Imparfait.

s. j'aurais, tu aurais, il aurait.
p. nous aurions, vous auriez, ils auraient.

Ou bien :

s. j'eusse, tu eusses, il eût.
p. nous eussions, vous eussiez, ils eussent.

Parfait.

p. j'aye eu, tu ayes eu, il ait eu.
s. nous ayons eu, vous ayez eu, ils ayent eu.

Plusque-Parfait.

s. j'aurais eu, tu aurais eu, il aurait eu.
p. nous aurions eu, vous auriez eu, ils auraient eu.

Ou bien :

s. j'eusse eu, tu eusses eu, il eût eu.
p. nous eussions eu, vous eussiez eu, ils eussent eu.

Futur.

s. j'aurai eu, tu auras eu, il aura eu.

p. nous aurons eu, vous aurez eu, ils auront eu.

INFINITIF.

Présent avoir, *parfait* avoir eu.

PARTICIPE.

présent ayant, *parfait* avoir eu.

Conjugaison du verbe de secours
ÊTRE.
INDICATIF.

Présent.

s. je suis, tu es, il est.

p. nous sommes, vous êtes, ils sont.

Imparfait.

s. j'étais, tu étais, il était.

p. nous étions, vous étiez, ils étaient.

Parfait simple.

s. je fus, tu fus, il fut, *p.* nous fûmes, vous fûtes, ils furent,

Parfait composé.

s. j'ai été, tu as été, il a été.
p. nous avons été, vous avez été, ils ont été.

Autre Parfait.

s. j'eus été, tu eus été, il eut été.
p. nous eûmes été, vous eûtes été, ils eurent été.

Plusque-Parfait.

s. j'avais été, tu avais été, il avait été.

p. nous avions été, vous aviez été, ils avaient été.

Futur.

s. je serai, tu seras, il sera.
p. nous serons, vous serez, ils seront.

IMPÉRATIF.

s. sois, qu'il soit.
p. soyons, soyez, qu'ils soient.

SUBJONCTIF.

Présent.

s. que je sois, que tu sois, qu'il soit.
p. que nous soyons, que vous soyez, qu'ils soient.

Imparfait.

s. je serais, tu serais, il serait.

p. nous serions, vous seriez, ils seraient.

Ou bien :

s. je fusse, tu fusses, il fût.
p. nous fussions, vous fussiez, ils fussent.

Parfait.

s. j'aye été, tu ayes été, il ait été.
p. nous ayons été, vous ayez été, ils ayent été.

Plusque-Parfait.

s. j'aurais été, tu aurais été, il aurait été.
p. nous aurions été, vous auriez été, ils auraient été.

Ou bien :

s. j'eusse été, tu eusses été, il eût été.

p. nous eussions été, vous eussiez été, ils eussent été.

Futur.

s. j'aurai été, tu auras été, il aura été

p. nous aurons été, vous aurez été, ils auront été.

INFINITIF.

Présent être, *Parfait* avoir été.

PARTICIPE.

Présent étant, *Passé* ayant été.

Tous les Infinitifs des Verbes français sont en ER, *en* IR, *en* OIR, *en* RE.

Ce sont les quatre Conjugaisons.

Pour connaître l'infinitif d'un

verbe, il n'y a qu'à dire, *je veux*, ou *je dois*, le premier mot qui suivra sera l'infinitif du verbe qu'on veut savoir : par exemple, je veux aimer, je dois avertir, je veux recevoir, je dois apprendre, sont des infinitifs.

Exemple des verbes en ER.
AIMER.
INDICATIF.
Présent.
s. j'aime, tu aimes, il aime.
p. nous aimons, vous aimez, ils aiment.
Imparfait.
s. j'aimais, tu aimais, il aimait.

p. nous aimions, vous aimiez, ils aimaient.

Parfait simple.

s. j'aimai, tu aimas, il aima.
p. nous aimâmes, vous aimâtes, ils aimèrent.

Parfait composé.

s. j'ai aimé, tu as aimé, il a aimé.
p. nous avons aimé, vous avez aimé, ils ont aimé.

Autre Parfait.

s. j'eus aimé, tu eus aimé, il eut aimé.
p. nous eûmes aimé, vous eûtes aimé, ils eurent aimé.

Plusque-Parfait.

s. j'avais aimé, tu avais aimé, il avait aimé.

p. nous avions aimé, vous aviez aimé, ils avaient aimé.

Futur ou *Avenir*.

s. j'aimerai, tu aimeras, il aimera.

p. nous aimerons, vous aimerez, ils aimeront.

IMPÉRATIF.

s. aime, qu'il aime.

p. aimons, aimez, qu'ils aiment.

SUBJONCTIF.

Présent.

s. que j'aime, que tu aimes, qu'il aime.

p. que nous aimions, que vous aimiez, qu'ils aiment.

Imparfait.

s. j'aimerais, tu aimerais, il aimerait.

p. nous aimerions, vous aimeriez, ils aimeraient.

Ou bien:

s. j'aimasse, tu aimasses, il aimât.
p. nous aimassions, vous aimassiez, ils aimassent.

Parfait.

s. j'aye aimé, tu ayes aimé, il ait aimé.

p. nous ayons aimé, vous ayez aimé, ils ayent aimé.

Plusque-parfait ou *plusque-passé.*

s. j'aurais aimé, tu aurais aimé, il aurait aimé.

p. nous aurions aimé, vous auriez aimé, ils auraient aimé.

Ou bien :

s. j'eusse aimé, tu eusses aimé, il eût aimé.

p. nous eussions aimé, vous eussiez aimé, ils eussent aimé.

Futur.

s. j'aurai aimé, tu auras aimé, il aura aimé.

p. nous aurons aimé, vous aurez aimé, ils auront aimé.

INFINITIF.

Présent aimer, *passé* avoir aimé.

PARTICIPE.

présent aimant, *passé* ayant aimé.

Exemple des Verbes en IR.

AVERTIR.

s. j'avertis, tu avertis, il avertit.

p. nous avertissons, vous avertissez, ils avertissent.

s. j'avertissais, tu avertissais, il avertissait.

p. nous avertissions, vous avertissiez, ils avertissaient.

s. j'avertis, tu avertis, il avertit.

p. nous avertîmes, vous avertîtes, ils avertirent.

s. j'ai averti, tu as averti, il a averti.

p. nous avons averti, vous avez averti, ils ont averti.

s. j'eus averti, tu eus averti, il eut averti.

p. nous eûmes averti, vous eûtes averti, ils eurent averti.

s. j'avais averti, tu avais averti, il avait averti.

p. nous avions averti, vous aviez averti, ils avaient averti.

s. j'avertirai, tu avertiras, il avertira.

p. nous avertirons, vous avertirez, ils avertiront.

s. avertis, qu'il avertisse.

p. avertissons, avertissez, qu'ils avertissent.

s. que j'avertisse, que tu avertisses, qu'il avertît.

p. que nous avertissions, que vous avertissiez, qu'ils avertissent.

s. j'avertirais, tu avertirais, il avertirait.

p. nous avertirions, vous avertiriez, ils avertiraient.

s. j'aye averti, tu ayes averti, il ait averti.

p. nous ayons averti, vous ayez averti, ils ayent averti.

s. j'aurais averti, tu aurais averti, il aurait averti.

p. nous aurions averti, vous auriez averti, ils auraient averti.

s. j'eusse averti, tu eusses averti, il eût averti.

p. nous eussions averti, vous eussiez averti, ils eussent averti.

s. j'aurai averti, tu auras averti, il aura averti.

p. nous aurons averti, vous aurez averti, ils auront averti.

Avertir, avoir averti.
Avertissant, ayant averti.

Exemple des verbes en OIR.

RECEVOIR.

s. je reçois, tu reçois, il reçoit.

p. nous recevons, vous recevez, ils reçoivent.

s. je recevais, tu recevais, il recevait.

p. nous recevions, vous receviez, ils recevaient.

s. je reçus, tu reçus, il reçut.

p. nous reçumes, vous reçutes, ils reçurent.

s. j'ai reçu, tu as reçu, il a reçu.

p. nous avons reçu, vous avez reçu, ils ont reçu.

s. j'eus reçu, tu eus reçu, il eût reçu.

p. nous eûmes reçu, vous eûtes reçu, ils eurent reçu.

s. j'avais reçu, tu avais reçu, il

avait reçu.

p. nous avions reçu, vous aviez reçu, ils avaient reçu.

s. je recevrai, tu recevras, il recevra.

p. nous recevrons, vous recevrez, ils recevront.

s. reçois, qu'il reçoive; *p.* recevons, recevez, qu'ils reçoivent.

s. que je reçoive, que tu reçoives, qu'il reçoive.

p. que nous recevions, que vous receviez, qu'ils reçoivent.

s. je recevrais, tu recevrais, il recevrait.

p. nous recevrions, vous recevriez, ils recevraient.

s. je reçusse, tu reçusses, il reçût.

p. nous reçussions, vous reçussiez, ils reçussent.

s. j'aye reçu, tu ayes reçu, il ait reçu.

p. nous ayons reçu, vous ayez reçu, ils ayent reçu.

s. j'aurais reçu, tu aurais reçu, il aurait reçu.

p. nous aurions reçu, vous auriez reçu, ils auraient reçu.

s. j'eusse reçu, tu eusses reçu, il eût reçu.

p. nous eussions reçu, vous eussiez reçu, ils eussent reçu.

s. j'aurai reçu, tu auras reçu, il aura reçu.

p. nous aurons reçu, vous aurez reçu, ils auront reçu.

Recevoir, avoir reçu.

Recevant, ayant reçu.

Exemple des verbes en RE.

APPRENDRE.

s. j'apprends, tu apprends, il apprend.

p. nous apprenons, vous apprenez, ils apprennent.

s. j'apprenais, tu apprenais, il apprenait.

p. nous apprenions, vous appreniez, ils apprenaient.

s. j'appris, tu appris, il apprit.

p. nous apprîmes, vous apprîtes, ils apprirent.

s. j'ai appris, tu as appris, il a appris.

p. nous avons appris, vous avez appris, ils ont appris.

s. j'eus appris, tu eus appris, il eut appris.

p. nous eûmes appris, vous eûtes appris, ils eurent appris.

s. j'avais appris, tu avais appris, il avait appris.

p. nous avions appris, vous aviez appris, ils avaient appris.

s. j'apprendrai, tu apprendras, il apprendra.

p. nous apprendrons, vous ap-

prendrez, ils apprendront.
s. que j'apprenne, que tu apprennes, qu'il apprenne.
p. que nous apprenions, que vous appreniez, qu'ils apprennent.
s. j'apprendrais, tu apprendrais, il apprendrait.
p. nous apprendrions, vous apprendriez, ils apprendraient.
s. j'apprisse, tu apprisses, il apprît.
p. nous apprissions, vous apprissiez, ils apprissent.
s. j'aye appris, tu ayes appris, il ait appris.
p. nous ayons appris, vous ayez appris, ils ayent appris.
s. j'aurais appris, tu aurais appris,

il aurait appris.

p. nous aurions appris, vous auriez appris, ils auraient appris.

s. j'eusse appris, tu eusses appris, il eût appris.

p. nous eussions appris, vous eussiez appris, ils eussent appris.

s. j'aurai appris, tu auras appris, il aura appris.

p. nous aurons appris, vous aurez appris, ils auront appris.

Apprends, qu'il apprenne.

Apprenons, apprenez, qu'ils apprennent.

Apprenant, ayant appris.

Voici une liste de Verbes, où l'on n'a mis que la première personne des Temps; ajoutez-y les autres personnes, par le moyen de *tu*, *il*, *nous*, *vous*, *ils* ; et vous aurez les trois personnes des Verbes pour le singulier et le pluriel.

APPARTENIR.

Verbe neutre.

j'appartiens, etc.
j'appartenais.
j'appartins.
j'ai appartenu.
j'avais appartenu.
j'appartiendrai.
j'appartienne.
j'appartiendrais.
j'appartinsse.
j'aye appartenu.
j'aurais appartenu
j'eusse appartenu
j'aurai appartenu
appartenant.
ayant appartenu.

BOIRE.

Verbe actif.

je bois, etc.

je buvais.
je bus.
j'ai bu.
j'avais bu.
je boirai.
je boive.
je boirais.
je busse.
j'aye bu.
j'aurais bu.
j'eusse bu.
j'aurai bu.
buvant.
ayant bu.

COMPRENDRE
Verbe actif.
je comprends, etc.
je comprenais.
je compris.
j'ai compris.
j'avais compris.
je comprendrai.
je comprenne.
je comprendrais.
je comprisse.
j'aye compris.
j'aurais compris.
j'eusse compris.
j'aurai compris.
comprenant.
ayant compris.

DÉBATTRE.
Verbe actif.
je débats, etc.
je débattais.
je débattis.
j'ai débattu.
j'avais débattu.
je débattrai.
je débatte.

je débattrais.   j'aurais écrit.
je débattisse.   j'eusse écrit.
j'aye débattu.   j'aurai écrit.
j'aurais débattu.   écrivant.
j'eusse débattu.   ayant écrit.
j'aurai débattu.
débattant.   ## FAIRE.
ayant débattu.   *Verbe actif.*
ÉCRIRE.
Verbe actif.   je fais, etc.
j'écris, etc.   je faisais.
j'écrivais.   je fis.
j'écrivis.   j'ai fait.
j'ai écrit.   j'avais fait.
j'avais écrit.   je ferai.
j'écrirai.   je fasse.
j'écrive.   je ferais.
j'écrirais.   je fisse.
j'écrivisse.   j'aye fait.
j'aye écrit.   j'aurais fait.
    j'eusse fait.
    j'aurai fait.

faisant.
ayant fait.

GARANTIR.
Verbe actif.

je garantis, etc.
je garantissais.
je garantis.
j'ai garanti.
j'avais garanti.
je garantirai.
je garantisse.
je garantirais.
je garantisse.
j'aye garanti.
j'aurais garanti.
j'eusse garanti.
j'aurai garanti.
garantissant.
ayant garanti.

HAIR.
Verbe actif.

je hais, etc.
je haïssais.
je haïs.
j'ai haï.
j'avais haï.
je haïrai.
je haïsse.
je haïrais.
je haïsse.
j'aye haï.
j'aurais haï.
j'eusse haï.
j'aurai haï.
haïssant.
ayant haï.

INSTRUIRE.
Verbe actif.

j'instruis, etc.

j'instruisais.
j'instruisis.
j'ai instruit.
j'avais instruit.
j'instruirai.
j'instruise.
j'instruirais.
j'instruisisse.
j'aye instruit.
j'aurais instruit.
j'eusse instruit.
j'aurai instruit.
instruisant.
ayant instruit.

LANGUIR.
Verbe neutre.
je languis, etc.
je languissais.
je languis.
j'ai langui.
j'avais langui.
je languirai.
je languisse.
je languirais.
je languisse.
j'aye langui.
j'aurais langui.
j'eusse langui.
j'aurai langui.
languissant.
ayant langui.

MAINTENIR.
Verbe actif.
je maintiens, etc.
je maintenais.
je maintins.
j'ai maintenu.
j'avais maintenu.
je maintiendrai.
je maintienne.

je maintiendrais. je serais né.
je maintinsse. je fusse né.
j'aye maintenu. je serai né.
j'aurais maintenu. naissant.
j'eusse maintenu. étant né.
j'aurai maintenu.
maintenant.
ayant maintenu.

OBTENIR.
Verbe actif.
j'obtiens, etc.
j'obtenais.
j'obtins.
j'ai obtenu.
j'avais obtenu.
j'obtiendrai.
j'obtienne.
j'obtiendrais.
j'obtinsse.
j'aye obtenu.
j'aurais obtenu.
j'eusse obtenu.
j'aurai obtenu.

NAITRE.
Verbe neutre.
je nais, etc.
je naissais.
je naquis.
je suis né.
j'étais né.
je naîtrai.
je naisse.
je naîtrais.
je naquisse.
je sois né.

obtenant.
ayant obtenu.

PARAITRE.

Verbe neutre.

je parais, etc.
je paraissais.
je parus.
j'ai paru.
j'avais paru.
je paraîtrai.
je paraisse.
je paraîtrais.
je parusse.
j'aye paru.
j'aurais paru.
j'eusse paru.
j'aurai paru.
paraissant.
ayant paru.

QUÊTER.

Verbe neutre.

je quête, etc.
je quêtais.
je quêtai.
j'ai quêté.
j'avais quêté.
je quêterai.
je quête.
je quêterais.
je quêtasse.
j'aye quêté.
j'aurais quêté.
j'eusse quêté.
j'aurai quêté.
quêtant.
ayant quêté.

SE REPENTIR.

Verbe réciproque.

je me repens, etc.

je me repentais. j'avais su.
je me repentis. je saurai.
je me suis repenti je sache.
je m'étais repenti je saurais.
je me repentirai. je susse.
je me repente. j'aye su.
je me repentirais j'aurais su.
je me repentisse. j'eusse su.
je me sois repenti j'aurai su.
je me serais rep. sachant.
je me fusse rep. ayant su.
je me serai repen.

se repentant.
s'étant repenti.

SAVOIR.
Verbe actif.
je sais, etc.
je savais.
je sus.
j'ai su.

TENIR.
Verbe actif.
je tiens, etc.
je tenais.
je tins.
j'ai tenu.
j'avais tenu.
je tiendrai.
je tienne.

je tiendrais.
je tinsse.
j'aye tenu.
j'aurais tenu.
j'eusse tenu.
j'aurai tenu.
tenant.
ayant tenu.

VOIR. *V. a.*
je vois., etc.
je voyais.
je vis.

j'ai vu.
j'avais vu.
je verrai.
je voye.
je verrais.
je visse.
j'aye vu.
j'aurais vu.
j'eusse vu.
j'aurai vu.
voyant.
ayant vu.

Le verbe irrégulier ALLER est d'un grand usage : en voici la Conjugaison.

ALLER.

Je vais *ou* je vas, tu vas, il va.

nous allons, vous allez, ils vont.
j'allais, tu allais, il allait.
nous allions, vous alliez, ils allaient.
j'allai, tu allas, il alla.
nous allâmes, vous allâtes, ils allèrent.
je suis allé, tu es allé, il est allé.
nous sommes allés, vous êtes allés, ils sont allés.
j'étais allé, tu étais allé, il était allé.
nous étions allés, vous étiez allés, ils étaient allés.
j'irai, tu iras, il ira.
nous irons, vous irez, ils iront.
que j'aille, que tu ailles, qu'il aille.

que nous allions, que vous alliez, qu'ils aillent.

j'irais, tu irais, il irait.

nous irions, vous iriez, ils iraient.

j'allasse, tu allasses, il allât.

nous allassions, vous allassiez, ils allassent.

je sois allé, tu sois allé, il soit allé.

nous soyons allés, vous soyez allés, ils soient allés.

je fusse allé, tu fusses allé, il fût allé.

nous fussions allés, vous fussiez allés, ils fussent allés.

je serais allé, tu serais allé, il serait allé.

nous serions allés, vous seriez allés, ils seraient allés.

je serai allé, tu seras allé, il sera allé.

nous serons allés, vous serez allés, ils seront allés.

va, qu'il aille, allons, allez, qu'ils aillent. Allant, étant allé.

Le verbe *s'en aller* se conjugue comme le verbe *aller*.

EXEMPLE.

Je m'en vais *ou* je m'en vas, tu t'en vas, il s'en va, nous nous en allons, vous vous en allez, ils s'en vont; et ainsi des autres temps.

Le verbe passif, dans la langue française, n'est autre chose qu'un adjectif formé d'un verbe ; ou le passé ou parfait du participe, que l'on joint avec le verbe ETRE. *Etre* avec *aimé*, fait *être aimé* ; c'est le passif du verbe actif *Aimer*. Etre aimé, être loué, être conçu, être entendu, sont des verbes passifs que l'on conjugue facilement, quand on sait le verbe *Être* ; je suis aimé, j'étais aimé, etc.

On doit se proposer pour fin, en apprenant à lire, de pouvoir ensuite écrire correctement : c'est ce qu'on appelle Orthographe.

Il est impossible de savoir bien l'orthographe, si l'on n'apprend les premiers principes de la Langue.

Les premiers principes de la Langue sont les déclinaisons des noms et les conjugaisons des verbes.

Les déclinaisons des noms sont faciles ; vous en avez vu des exemples.

Les conjugaisons des verbes sont plus difficiles ; mais elles sont d'une nécessité absolue.

Quand on possède bien la variété des syllabes et des sons de tous les temps et des personnes des verbes, on sait plus de la moitié de l'orthographe. On vient à bout d'écrire les autres mots, quand on sait bien épeler et bien prononcer les syllabes.

Apprenez par cœur tous les temps des verbes; épelez-en les mots par cœur.

Vous ne sauriez mieux faire que de prendre les différens temps des verbes pour exemples d'écrire : on l'a éprouvé.

Faute d'observer ce qui est dit, les artisans, les filles, les femmes, les personnes qui lisent peu, celles qui lisent sans réflexion, ne savent point l'orthographe : c'est ce qui arrive aux trois quarts du monde. Si l'on exerçait bien les enfans dans les conjugaisons des verbes, on ne les entendrait pas si mal parler; car si l'on y fait attention, ceux qui pèchent en parlant, ne le font que dans les temps et dans les personnes des verbes, et ce langage corrompu est un obstacle insurmontable à l'orthographe : ce serait donc un grand bien d'apprendre aux enfans les conjugaisons des verbes dès la plus tendre jeunesse; puisque c'est le plus court et le plus sûr moyen d'apprendre l'orthographe; et que ce n'est que par-là qu'on peut être assuré qu'on la sait, et qu'on parle bien.

On aura bien avancé dans l'orthographe, si l'on se met bien dans l'esprit que toutes

F

les troisièmes personnes du pluriel des temps des verbes finissent par *nt*. Faute de cette attention, on voit des personnes, même de naissance, et qui font figure dans le monde, qui écrivent *ils ignores*, au lieu de *ils ignorent*; mais ils montrent bien de l'ignorance à peu de frais.

On éviterait encore bien des fautes d'orthographe, si l'on faisait attention que toutes les troisièmes personnes du pluriel des imparfaits des verbes finissent par *aient*, aimaient, aimeraient; avertissaient, avertiraient; recevaient, recevraient; apprenaient, apprendraient.

Que de gens mettent des *i* pour des *a*, dans les prétérits des verbes dont l'infinitif est en *er*, et le prétérit en *ai !* Au lieu de dire *j'enseignai, tu enseignas, il enseigna;* ils disent bravement : j'enseignis, tu enseignis, il enseignit.

De même, dans la plupart des verbes dont l'infinitif est en *ir*, et le prétérit en *is*, comme je cueillis, tu cueillis, il cueillit ; on entend dire grossièrement : je cueillas, tu cueillas, il cueilla.

En un mot, que les enfans sachent conjuguer les verbes, ils sauront parler et écrire.

Presque tous les pluriels des Noms substantifs ou adjectifs masculins ou féminins, se forment du singulier, en ajoutant *s* à la fin : ange, c'est le singulier ; ajoutez *s* : anges, c'est le pluriel : homme, hommes ; femme, femmes ; aimé, aimés ; loué, loués ; admiré, admirés.

Presque tous les adjectifs féminins se forment du masculin, en ajoutant *e* : blond, c'est le masculin ; ajoutez *e*, blonde est le féminin : uni, unie ; grand, grande ; connu, connue ; aimé, aimée.

Il y a des exceptions que l'usage apprendra

Tâchez de bien apprendre ce que l'on vous a dit sur les Noms ; cela vous sera utile.

On écrit si souvent ces petits mots *ce* et *ces*, ceux-ci *se* et *ses*, qu'il faut le savoir bien faire.

On écrit *ce* et *ces* par *c*, quand il s'agit de choses que l'on ne fait, pour ainsi dire, que montrer au doigt. Ce tableau, ces chevaux sont beaux.

On écrit *se* et *ses* par une *s*, quand un mot est de l'essence de la chose ou de la personne, ou qu'il lui appartient ; comme se promener, se réjouir, veiller à ses intérêts, aimer ses affaires.

Usage des Accens.

L'accent aigu ´ se met sur les é fermés : préparé, aimé, loué, adoré, jugé, etc.

Dans les mots ou noms qui ont deux ée à la fin, on met l'accent aigu ´ sur le premier : aimée, aînée, louée, adorée.

L'accent grave ` se met sur *à* qui est particule, article ou préposition : à Pierre, à Paris, à côté, à travers, à venir, à faire, etc.

L'accent grave ` se met sur l'*à* qui marque quelque lieu : il est là, il va là, etc.

L'accent grave ` ne se met point sur la troisième personne du verbe *avoir* : a fait, a dit, a voulu, a conçu, etc.

L'accent grave ` se met sur *où*, quand il signifie quelque lieu : où est-il ? où va-t-il ? etc.

L'accent grave ` se met sur *è* qui est à la fin de certains mots qui se prononcent comme ceux-ci, accès, procès, etc.

L'accent circonflexe ˆ se met sur les syllabes prononcées longues : blâme, être, abîme, prône, goût. Cet accent circonflexe tient lieu d'une *s* que l'on y mettait autrefois : prosne, goust.

Usage de l'Apostrophe'.

Dans ces petits mots, *je*, *le*, *me*, *ne*, *se*, *te*, *que*, mis devant des mots qui commencent par une voyelle, on retranche *a* ou *e* par le moyen de cette figure ', appelée Apostrophe : j'aime, l'esprit, m'interroge, n'oblige, s'unit, t'avertit, t'il, qu'il, qu'elle, etc.

Usage des Lettres capitales.

Il faut mettre une lettre capitale au nom *Dieu*. On écrit ainsi *Jésus-Christ*.

On met une lettre capitale à tous les noms propres.

Noms propres, Pierre, Marie, etc.
   de Royaumes, la France, etc.
   de Villes, Paris, Rouen, etc.
   de Rivières, la Seine, etc.
   de Dignités, Roi, Evêque, Président, Conseiller, etc.
   d'Arts, Peintre, Graveur, etc.
   de Métiers, Mercier, Pâtissier, etc.
   de Fêtes, Pâques, Pentecôte, etc.
   de Jours, Lundi Mardi, etc.
   de Mois, Janvier, Février, etc.

Tout écrit ou discours, de quelque nature qu'il soit, se commence par une lettre capitale.

On met une lettre capitale après un point, lorsqu'on commence une nouvelle phrase.

Toutes les fois qu'on recommence à la ligne, on met une lettre capitale.

Tous les vers commencent par une lettre capitale.

Pour lire avec bonne grâce, on vous apprendra que les mots qui finissent par une consonne, quand ils sont devant d'autres mots qui commencent par une voyelle, doivent être prononcés comme si les deux mots n'en faisaient qu'un seul. Exemples : *mon âme, mon esprit, tout esprit, vont avec, vont ensemble;* et autres semblables.

Quelle consolation pour vos parens, et quelle utilité pour vous, de pouvoir bien lire et écrire correctement !

L'écriture est une belle chose : c'est quelque chose de divin.

C'est de Dieu que nous vient cet Art ingénieux
De peindre la parole et de parler aux yeux;
Et par cent traits divers de figures tracées,
Donner de la couleur et du corps aux pensées.

Ce petit Livre est fait pour vous apprendre à bien lire en français, pour vous apprendre les premiers principes de notre langue, ou plutôt pour vous préserver de la parler mal, et par-là vous disposer à écrire quelque chose correctement ; ce qu'on appelle Orthographe. Faites tout cela le plutôt que vous pourrez ; les choses dont on se souvient le mieux, sont celles qu'on a apprises dès la tendre jeunesse.

Notre Langue française est difficile à lire ; c'est la nôtre ; et il faut la savoir, pour paraître avec honneur dans le commerce du monde, et pour mettre ordre à ses affaires. La latine est aisée ; vous l'apprendrez aussi pour assister avec décence et avec fruit à l'Office divin, et réciter les Prières ordonnées par l'Eglise en cette Langue.

Lisez bien ce petit Livre ; il y a de la méthode ; la méthode donne de l'intelligence.

Ce que l'on conçoit bien s'énonce clairement.

Si vous comprenez bien ce petit Livre, vous lirez ensuite et avec goût les autres livres qui vous enseigneront les principes de notre sainte Religion, et ceux dont vous aurez besoin dans les différens états de votre vie civile

DE LA PONCTUATION.

Il y a six marques pour indiquer, en écrivant, les endroits du discours où l'on doit s'arrêter.

1.º La virgule (,) se met après les noms, les adjectifs, les verbes qui suivent.

EXEMPLES.

La candeur la docilité, la simplicité, sont les vertus de l'enfance.
L'histoire est instructive, agréable, amusante.

La virgule sert encore à distinguer les différentes parties d'une phrase.

EXEMPLE.

L'étude rend savant, et la réflexion rend sage.

2.º Le point avec la virgule (;) se met entre deux phrases, dont l'une dépend de l'autre.

EXEMPLE.

La douceur est à la vérité une vertu ; mais elle ne doit pas dégénérer en faiblesse.

3.º Les deux points (:) se mettent après une phrase finie, mais suivie d'une autre qui sert à l'étendre ou à l'éclaircir.

EXEMPLE.

Il ne faut jamais se moquer des misérables : car qui peut s'assurer d'être toujours heureux ?

4.º Le point (.) se met à la fin des phrases, quand le sens est entièrement fini.

EXEMPLE.

Le mensonge est le plus bas de tous les vices.

5.º Le point interrogatif (?) se met à la fin des phrases qui expriment une interrogation.

EXEMPLE.

Quoi de plus beau que la vertu ?

6.º Le point d'admiration (!) se met après les phrases qui expriment l'admiration.

EXEMPLES.

Qu'il est doux de servir le Seigneur !
Qu'il est glorieux de mourir pour la Patrie !

Chiffre	Arabe.	Romain.	Chiffre	Arabe.	Romain.
Un	1	I	Trente	30	XXX
Deux	2	II	Quarante	40	XL
Trois	3	III	Cinquante	50	L
Quatre	4	IV	Soixante	60	LX
Cinq	5	V	Soixante-dix	70	LXX
Six	6	VI	Qatre-vingt	80	LXXX
Sept	7	VII	Quatre-vingt-dix	90	XC
Huit	8	VIII	Cent	100	C
Neuf	9	IX	Deux cents	200	CC
Dix	10	X	Trois cents	300	CCC
Onze	11	XI	Quatre cents	400	CCCC
Douze	12	XII	Cinq cents	500	D
Treize	13	XIII	Six cents	600	DC
Quatorze	14	XIV	Sept cents	700	DCC
Quinze	15	XV	Huit cents	800	DCCC
Seize	16	XVI	Neuf cents	900	IXC
Dix-Sept	17	XVII	Mille	1000	M
Dix-huit	18	XVIII	Dix mille	10000	XM
Dix-neuf	19	XIX	Cent mille	100000	CM
Vingt	20	XX	Million	1000000	XCM

TABLE DE MULTIPLICATION.

2 fois	2 sont	4	4 fois	4 sont	16	6 fois	9 sont	54
	3	6		5	20		10	60
	4	8		6	24			
	5	10		7	28	7 fois	7 sont	49
	6	12		8	32		8	56
	7	14		9	36		9	63
	8	16		10	40		10	70
	9	18						
	10	20	5 fois	5 sont	25	8 fois	8 sont	64
				6	30		9	72
3 fois	3 sont	9		7	35		10	80
	4	12		8	40			
	5	15		9	45	9 fois	9 sont	81
	6	18		10	50		10	90
	7	21						
	8	24	6 fois	6 sont	36	10 fois 10 s. 100		
	9	27		7	42			
	10	30		8	48	10 f. 100 s. 1000		

RÈGLE D'ADDITION.

Addition n'est autre chose qu'assembler plusieurs sommes en une ; et pour ce faire, on doit les écrire les unes sous les autres, c'est-à-dire, les nombres sous les nombres, les dizaines sous les dizaines, etc., et faire une ligne au-dessus.

	DCBA	
Due la somme de	3457	livres.
Plus celle de	4326	
Et celle de	3698	
Total	11481	

Pour additionner toutes ces sommes ensemble, commencez par la colonne A, disant 7 et 6 sont 13 et 8 sont 21, posez 1 sous cette colonne et retenez 2 qui, joints à 5 de la colonne B, sont 7 et 2 sont 9 et 9 sont 18, posez 8 et retenez 1 qui, joint à 5 de la colonne C, sont 6 et 3 sont 9 et 5 sont 14, posez 4 et retenez 1 qui, joint à 3 de la colonne D, fait 4 et 4 sont 8 et 3 sont 11, qui posés sous ladite colonne D, font la somme totale de 11481. A l'addition composée de livres, sols et deniers, il faut arranger, comme ci-devant, les livres sous les livres, les sols sous les sols, et les deniers sous les deniers, en remarquant que l'on ne met au rang des sols que ce qui ne passe pas 19; car quand cela va jusqu'à 20, il faut les porter au rang des livres, puisque 20 sols font une livre; et quand il y a 12 deniers, les porter au rang des sols, puisque 12 deniers font un sol. Il ne faut mettre au rang des deniers que ce qui ne passe pas 11 deniers.

Exemple.

7648 liv.	12 s.	3 d.
5374	19	11
842	19	6
95	6	8
Total 13961 liv.	17 s.	4 d.

RÈGLE DE SOUSTRACTION.

Soustraction est ôter un moindre nombre d'un plus grand, pour trouver ce qui reste. *Exemple.* Il est dû à un particulier 458 liv. sur quoi il a reçu 313; pour savoir combien il lui est encore dû, ayant mis la somme payée sous celle qui est due, je dis, qui de 8 paye 3, reste 5, qui de 5 paye 1, reste 4, et qui de 4 paye 3, reste 1; on voit qu'il reste encore à payer 145 livres.

Dû   458 liv.
Payé   313 liv.
Reste   145 liv.

La preuve est d'ajouter ce qu'on a payé avec ce qui reste; si ces deux sommes ajoutées font celle due, la soustraction est bonne.

Lorsque le paiement égale la dette, on met un 0 ; et si le chiffre inférieur surpasse le supérieur, il faut emprunter une dizaine sur le chiffre précédent, en faisant un point sur chaque chiffre, à mesure qu'on emprunte. Et quand il se trouve un ou plusieurs 0 sur lesquels on ne peut emprunter, il faut pousser jusqu'au premier chiffre significatif: le premier 0 se compte toujours par 10, et les autres par 9.

Exemple.

Reçu 730024.
Payé 276538.
Reste 454486.

RÈGLE DE MULTIPLICATION.

Multiplication, c'est trouver un nombre qui contienne autant de fois le nombre à multiplier, qu'il y a d'unités au multiplicateur. Il y a trois nombres de différentes dénominations: le premier s'appelle multiplicande ou nombre à multiplier ; le second multiplicateur ; et le troisième que l'on cherche, s'appelle produit, qui est le résultat. Pour multiplier, il faut chercher le chiffre de la main droite, et finir par celui de la gauche.

Exemple.

Un tailleur a acheté 68 aunes de drap à 7 livres l'aune : on demande combien il faut qu'il donne pour 68 aunes.

Posez premièrement 68 qui est le nombre à multiplier, et au-dessous le multiplicateur 7 l., que vous mettez sous le 8 du nombre à multiplier.

Nombre à multiplier,   68 aun. de drap.
Multiplicateur,   7 livres l'aune.
        Produit 476.

Je dis 7 fois 8 sont 56, posez 6 sous 7 et retiens 5 dizaines ; ensuite 7 fois 6 sont 42 et 5 que j'ai retenus sont 47 que je pose ; ainsi il vient au produit 476 livres que coûtent les 58 aunes à 7 livres chacune.

Exemple où le Multiplicateur est de 2 chiffres.

On veut savoir combien valent 254 aunes à 35 livres. Ayant ainsi disposé les nombres, je dis 5 fois 4 sont 20, pose 0 et retiens 2 : 5 fois 5 sont 25, et 2 retenus sont 27, je pose 7 et retiens 2 : 5 fois 2 sont 10, et 2 retenus sont 12, je pose 12; puis je passe à 3 du multiplicateur, par lequel je multiplie derechef 254 aunes du même ordre, en disant 3 fois 4 sont 12, je pose 2 sous le même 3 et retiens 1 ; ensuite je dis, 3 fois 5 sont 15 et 1 retenu sont 16; je pose 6 et retiens 1 ; 3 fois 2 sont 6 et 1 retenu sont 7, je pose 7; et les deux produits additionnés, vous trouverez 8890 pour total.

EXEMPLE DE LA MULTIPLICATION.

Nombre à multiplier,   234 aunes.
Multiplicateur,   35 livres.

Premier produit,   1270 livres.
Second produit,   762 livres.
Addition des produits,   8890 livres.

RÈGLE DE DIVISION.

La division est une opération par laquelle on cherche combien de fois un nombre qu'on nomme *dividende* en contient un autre qu'on appelle *diviseur :* ce nombre de fois se nomme *quotient*.

Pour faire cette opération, on place sur une même ligne le dividende et le diviseur, séparés par une accolade : sous le diviseur on met le quotient ou produit.

Exemple.

Dividende 18. { 6 Diviseur. / 3 Quotient.

On fait la preuve de la division, en multipliant le diviseur par le quotient, et ajoutant au produit le reste de la division, s'il y en a : ce produit doit être égal au dividende.

FIN.

www.ingramcontent.com/pod-product-compliance
Lightning Source LLC
LaVergne TN
LVHW052104090426
835512LV00035B/970